A. AULARD

Professeur à la Sorbonne,
Vice-Président de la Ligue des Droits de l'Homme.

LA

THÉORIE DE LA VIOLENCE

ET LA

RÉVOLUTION FRANÇAISE

DISCOURS

**prononcé au Congrès des Sociétés savantes à la Sorbonne
le 6 avril 1923**

PRIX : UN FRANC

PARIS

LIGUE DES DROITS DE L'HOMME
10, RUE DE L'UNIVERSITÉ, 10

—

1923

A. AULARD

Professeur à la Sorbonne,
Vice-Président de la Ligue des Droits de l'Homme.

LA

THÉORIE DE LA VIOLENCE

ET LA

RÉVOLUTION FRANÇAISE

DISCOURS

prononcé au Congrès des Sociétés savantes à la Sorbonne
le 6 avril 1923

PRIX : UN FRANC

PARIS

LIGUE DES DROITS DE L'HOMME

10, RUE DE L'UNIVERSITÉ, 10

1923

LA THÉORIE DE LA VIOLENCE
ET LA RÉVOLUTION FRANÇAISE

DISCOURS PRONONCÉ AU CONGRÈS DES SOCIÉTÉS SAVANTES
A LA SORBONNE LE 6 AVRIL 1923

MESSIEURS,

C'est la seconde fois que, par un privilège de longévité, j'ai l'honneur d'être chargé du discours d'usage au Congrès des Sociétés savantes. Il y a vingt-trois ans, je vous ai parlé, ici même, de la méthode dans les études d'histoire contemporaine. Aujourd'hui, je vais essayer d'appliquer cette méthode à une grande question d'histoire générale de la France, en vous entretenant de la théorie de la violence et de la Révolution française.

Il s'est formé peu à peu une théorie de la violence, qui, des livres, a passé dans les esprits, même en France, et que les actuels révolutionnaires russes ont à la fois glorifiée et appliquée. La violence serait féconde. Il n'y aurait qu'elle qui pût améliorer foncièrement la société. Cette théorie se donne une base historique. Elle s'appuie sur l'exemple de la Révolution française, où, à Moscou et ailleurs, on voit, on montre une école de violence.

C'est à nous, Français, qui étudions l'histoire de la Révolution dans les documents, par les méthodes d'érudition, sans mettre jamais notre effort d'historiens au service d'aucun système politique ou social, c'est à nous à montrer la fausseté de cette vue, en tant qu'historique.

Et d'abord, la théorie de la violence, telle qu'on l'exprime aujourd'hui, je ne la trouve pas, dominante ou même nettement formulée, dans la Révolution française.

En dehors de quelques agités éphémères, comme l'abbé Roux, Varlet, Leclerc, dont les propos de violence, les gestes de violence, à Paris, au temps de la Terreur, eurent parfois un air de système, je ne vois que Marat, parmi les révolutionnaires influents, à qui on puisse attribuer une théorie de la violence.

Il est sûr qu'il présenta souvent le meurtre et la dictature comme un système, au moins provisoire.

Dès le mois d'octobre 1789, il déclare qu'en fait le seul moyen de progrès, c'est ce qu'il appelle l'*émeute populaire*, se renouvelant sans cesse. Le peuple ne peut se libérer « qu'en étouffant ses oppresseurs dans leur sang ». En sa rhétorique furieuse, il demande des têtes, d'abord des centaines, puis des milliers, et, au mois d'octobre 1792, il fixe le chiffre de 270.000 têtes. Il était arrivé, un jour, à se faire écouter : les massacres de septembre 1792 eurent lieu sur son conseil formel, à sa demande expresse, dans un moment de délirante inquiétude patriotique, quand les Prussiens marchaient sur Paris, quand les Parisiens s'imaginaient que les royalistes prisonniers pactisaient avec l'envahisseur.

Marat prêche la dictature. Il demande un triumvirat de dictateurs, dont il entend faire lui-même partie. Il s'offre aussi à être, lui seul, dictateur, un tribun du peuple, dit-il, ayant tout pouvoir, avec un boulet au pied.

Mais ni sa théorie du meurtre, ni sa théorie de la dictature ne furent acceptées, expédient ou système, par la masse du peuple français, ou, à un degré quelconque, par l'élite dirigeante. Sa popularité, presque toute parisienne, ne lui vint pas de ses conseils de meurtre, que, sauf en septembre 1792, personne ne prit au sérieux, ni de ses conseils de dictature, que l'opinion d'alors ne suivit pas, mais de son accent d'amitié pour le peuple, de son ton de sympathie, évidemment sincère, pour les humbles, les pauvres, les souffrants.

Dans la Convention nationale, où il siégea, je cherche en vain un maratiste.

Assassiné, glorifié, déifié, panthéonisé, Marat devient un symbole, non de violence, mais de patriotisme. On oublie ses conseils de meurtre, de dictature, pour voir en lui la Révolution elle-même, que l'ennemi du dehors et l'ennemi du dedans ont voulu tuer. Le couteau de Charlotte Corday a purifié Marat, ou plutôt l'a transformé en un répu·blicain idéal. Clairvoyant et peut-être jaloux, Robespierre s'opposa d'abord au mouvement d'opinion d'où sortit le décret qui destina Marat au Panthéon. Ce décret, et c'est chose notable, ne fut pas exécuté tant que dura le gouvernement révolutionnaire. Ce gouvernement ne voulut pas que le monde crût que la Révolution française glorifiait systématiquement la violence. C'est la réaction thermidorienne qui, pour faire pièce à Robespierre mort, transporta le corps de Marat au Panthéon. Elle l'en enleva presque aussitôt.

Théoricien de la violence et de la dictature, s'il le fut vraiment et dans le fond, Marat est désavoué, non seulement par l'esprit de la Révolution française, mais par les chefs, par l'élite dirigeante de cette Révolution.

Violence et dictature, ces deux mots, ces deux choses sont inséparables, et la violence, si elle s'affirme féconde, ce ne peut être que pour ou par la dictature, dictature d'un homme ou dictature d'un groupe, d'une classe. Eh bien, s'il y a eu des violences dans la Révolution française, si cette Révolution a finalement abouti à une dictature, la

théorie de la violence et de la dictature a été, je le répète,
étrangère à son esprit et à ses chefs.

En 1789, ce que voulaient les Français, c'était de substituer à ce qui leur apparaissait comme un état de violence
et d'anarchie, non pas un état de violence et de dictature,
mais un état de loi, ou, comme ils disaient, le règne de la
loi.

Ils avaient le sentiment, qui paraîtra peut-être exagéré
à un historien d'aujourd'hui, que la diversité des lois civiles
était anarchique, et, d'autre part, qu'il n'y avait plus de
Constitution, plus de lois politiques et sociales, à caractère
précis et permanent.

Le chaos de la législation civile fut dénoncé par les
cahiers de 1789, et Voltaire avait, par avance, résumé
cette dénonciation dans le *Dictionnaire philosophique*, à
l'article *Lois* : « Votre coutume de Paris, disait-il, est in-
terprétée différemment par vingt-quatre commentaires ;
donc il est prouvé vingt-quatre fois qu'elle est mal conçue.
Elle contredit cent-quarante autres coutumes, ayant
toute force de loi chez la même nation, et toutes se con-
tredisent entre elles. Il est donc dans une seule province
de l'Europe, entre les Alpes et les Pyrénées, plus de cent
quarante petits peuples, qui s'appellent compatriotes, et
qui sont réellement étrangers les uns pour les autres,
comme le Tonkin l'est pour la Cochinchine. » Il disait
enfin : « Voulez-vous avoir de bonnes lois ? Brûlez les
vôtres, et faites-en de nouvelles. »

Quant aux lois politiques et sociales, les Français de
1789 considéraient comme abolie depuis 1615 la Constitution non écrite qui organisait la monarchie avec les
États généraux, puisque, depuis lors, ces États n'avaient
pas été réunis. Il leur semblait que le despotisme de
Louis XIV avait effacé toutes les libertés publiques. Si le

despotisme de Louis XV avait paru être un peu tempéré par le droit de remontrance restitué aux parlements, si le despotisme de Louis XVI avait été plus tempéré encore par la bonhomie du prince et par l'établissement des Assemblées provinciales, on cherchait à tâtons les lois, pour reprendre le style d'alors, et on ne les trouvait pas. C'est en vain que Turgot avait dit au roi, dans son *Mémoire sur les municipalités* : « Vous pourriez gouverner comme Dieu par des lois générales. » Louis XVI tenait à devoir de rester un despote, sans doute un despote paternel et bon, mais enfin un despote, de transmettre intacte à son successeur l'autorité absolue qu'il avait reçue de Louis XV, lequel l'avait reçue de Louis XIV.

La loi, c'était donc encore, et uniquement, la volonté royale, manifestée capricieusement aux divers actes royaux : édits, ordonnances, arrêts du Conseil, lettres patentes.

On ne lui reprochait pas, à cette volonté royale, d'être royale, mais d'être impuissante. Cette impuissance, aux yeux des contemporains, ôtait aux actes du roi le caractère de loi.

Cette loi, cette fausse loi, on la voyait obéie ici, violée là, ignorée ailleurs. Elle n'était pas toujours en vigueur dans toute la France. Tels édits, enregistrés par un ou plusieurs parlements, n'étaient pas enregistrés par d'autres, qui les repoussaient comme mauvais. Édits insignifiants ou secondaires ? Non : ce sont les édits importants, d'intérêt général, comme l'édit de 1787, qui, en rendant l'état civil aux protestants, tendait à un régime de liberté de conscience, ce sont ces édits-là que l'opposition de certains parlements empêchait d'appliquer à toute la France, leur ôtant ainsi le caractère d'une loi moderne, c'est-à-dire l'universalité.

Ces lois royales se discréditaient aussi par les contradictions et par le peu de durée. Ainsi les jurandes et maîtrises, abolies en 1776, sont rétablies l'année suivante.

A l'impuissance de la souveraineté royale s'opposait déjà, dans les esprits, la puissance de la souveraineté du peuple, telle que Jean-Jacques Rousseau l'avait idéalement formulée, ou telle qu'on la voyait fonctionner aux États-Unis de l'Amérique du Nord. On se disait que des lois émanées de cette souveraineté du peuple seraient vraiment des lois, c'est-à-dire qu'elles exprimeraient la volonté générale, et que, l'exprimant, elles seraient universelles, permanentes, obéies.

Les cahiers des États généraux sont unanimes à vouloir qu'il y ait enfin des lois. Cette nouveauté, qu'ils demandent, est pour eux la Révolution même. Aucun projet de violence, aucune idée de violence ne se trouve dans ces cahiers. Au contraire; ils veulent tous substituer au désordre actuel, qui est quelque chose d'analogue à la violence, un ordre, une loi. Ils réclament une Constitution, qu'ils appellent aussi une Charte, un Pacte des Français. Ils veulent à la fois que le roi, à qui ils expriment une fidélité qui va souvent jusqu'à l'adoration, soit la loi vivante et qu'il devienne ou redevienne l'interprète de la volonté générale.

Pour ces rédacteurs des cahiers, où est la source de la loi? Dans le peuple? Dans le roi? Ils ne le savent pas bien. Ils considèrent toujours le roi comme le chef héréditaire du progrès. C'est seulement quand ils virent sa défaillance que les Français changèrent d'idée. Mais alors, au début de l'année 1789, quand ils rédigent leurs vœux, ils n'ont pas encore pleinement conscience d'être un peuple souverain.

Une fois réunis à Versailles, leurs représentants prennent conscience de cette souveraineté du peuple, et ils déclarent que la loi est l'expression de la volonté générale, ce qui est proprement la Révolution. Ils laissent le trône debout, avec toute la majesté de l'appareil royal, mais ils réduisent la royauté au rôle d'exprimer et d'appliquer cette volonté générale.

Dans les cahiers, même les plus hardis, il n'y avait eu, je le répète, aucun appel à la violence. Ce n'est pas assez dire. Je crois avoir lu tous ceux qui ont été publiés. Je n'y ai pas trouvé une phrase qui puisse être considérée comme une menace au roi, comme une tentative pour l'intimider. Quand on parle de lui, c'est avec respect, fidélité, amour, confiance. On n'a pas l'idée que la Révolution se puisse faire contre lui ou sans lui. Je le répète encore : on veut substituer l'ordre au désordre, par des réformes. C'est le vœu général, et cette substitution, on ne l'envisage que dans le calme et la concorde.

Si on me passe l'expression, les députés du Tiers aux États généraux ont un mandat de *non-violence*.

Ce mandat, ils l'exécutent dans son esprit et dans sa lettre, avec un soin minutieux et unanime.

Suivez leur marche, depuis la réunion des États généraux à Versailles, le 5 mai 1789, jusqu'à la prise de la Bastille, le 14 juillet suivant. Jamais révolution ne fut commencée par des moyens si doux, par un si calme effort, par une telle exclusion de tout ce qui pouvait ressembler à la violence, même verbale.

Ce commencement de révolution, ce fut le geste du Tiers demandant que les pouvoirs des députés fussent vérifiés en commun, et non par Ordre. Cette demande avait pour conséquence logique la délibération et le vote en commun pour les autres questions, et ainsi la prépondérance du Tiers dans les États généraux, puisqu'il comptait, à lui seul, autant de membres que les deux autres Ordres réunis.

Pour vaincre l'opposition de ces deux Ordres, le Tiers-Etat n'eut recours à aucun moyen de pression extérieure, populaire ou autre. Il n'en appela point au peuple de Paris, qui pourtant frémissait d'enthousiasme pour la Révolution commençante. La résistance des Ordres privilégiés, si vive et si longue, ne provoqua aucune émeute, aucun mouvement dans la rue. Tout ce début du grand changement eut lieu dans la paix, le calme et l'ordre. Le Tiers ne demanda sa victoire qu'à la raison, à la discussion.

Quand il se fut prêté à des conférences de conciliation qui durèrent des semaines et des semaines, quand il vit à plein qu'il était impossible de persuader le Clergé, si incertain et si divisé, et la Noblesse, si intransigeante, le Tiers-Etat, d'un geste tranquille et fort, passa outre. Il décida de procéder à la vérification des pouvoirs. Il fit l'appel de tous les députés aux Etats généraux. Seuls dans les Ordres privilégiés, quelques curés « patriotes » répondirent à cet appel.

Mais cela suffit pour que le Tiers-Etat osât l'acte révolutionnaire de se constituer en Assemblée nationale.

Cet acte révolutionnaire se fit sans aucune intervention de violence, dans le calme de la force morale, dans le paisible sentiment du droit, dans la majesté d'une souveraineté naissante. Avec tranquillité et en une atmosphère tranquille, l'Assemblée nationale, sitôt constituée, déclare qu'il n'appartient qu'à elle « d'interpréter et de présenter la volonté générale de la nation ». Sur-le-champ, elle fait une loi, pour consentir provisoirement la perception des impôts existants. Elle « entend et décrète que toute levée d'impôts et contributions de toute nature, qui n'auraient pas été nommément, formellement et librement accordés par l'Assemblée, cessera entièrement dans toutes les provinces du royaume, quelle que soit leur administration ».

Cette Assemblée, qui parlait en roi, ne supprima pas le roi. Elle se tenait aux pieds du trône, avec la fidélité historique des communes envers la royauté, qui les protégeait contre les abus et les tyrannies. C'est alors qu'un événement grave se produisit : au lieu de se mettre à la tête de ce mouvement national, le roi déserta son rôle traditionnel et prit parti pour les privilégiés, Noblesse et haut Clergé, contre son peuple. Il refusa de prendre la direction de la Révolution, et, sans le dire et en se masquant à demi, mais réellement, il devint le chef de la réaction.

Il annonça une séance royale, fit fermer la salle où se réunissait le Tiers. Le Tiers s'assembla, le 20 juin 1789, dans un jeu de paume, où il fit l'illustre serment de persévérance et de résistance. Dans ce serment, il n'y a pas le moindre appel à la violence. L'Assemblée ne fait appel qu'à l'honneur et à la bonne foi. Elle jure de ne « jamais se séparer et de se rassembler partout où les circonstances l'exigeront, jusqu'à ce que la Constitution du royaume soit établie et affermie sur des fondements solides ».

Quand le roi eut cassé tous ces actes de l'Assemblée, dans la séance royale du 23 juin, l'Assemblée, loin d'évoquer la violence, déclara, par la bouche de Mirabeau, qu'elle ne céderait qu'à la violence. En même temps, elle déclara ses membres inviolables. Elle n'opposa au despotisme qu'une force spirituelle : la majesté de la souveraineté nationale.

Tout d'abord, cette attitude de fermeté douce et pacifique fut victorieuse. Le roi, étonné, céda ou parut céder. Il ordonna, le 27 juin, aux deux Ordres privilégiés de se réunir au Tiers, il reconnut l'Assemblée nationale, et il sembla qu'on entrait sans violence dans le nouvel ordre de choses.

Mais le roi méditait, préparait la violence. C'est lui, ce sont ses conseillers, la cour, les privilégiés, qui prirent l'initiative de la violence. C'est l'ancien régime, par sa résistance armée, qui mit la violence dans la Révolution, malgré les hommes de la Révolution, contre les hommes de la Révolution.

Une armée de mercenaires étrangers, avec une nombreuse artillerie, bloque l'Assemblée, l'intercepte de Paris. Par deux fois, l'Assemblée demande au roi d'éloigner les troupes : par deux fois, le roi refuse. Le 11 juillet, il jette tout à fait le masque, il renvoie le ministre populaire Necker, il forme un cabinet de coup d'Etat. C'est alors, devant cette violence, que le peuple de Paris se lève, et, surmontant la violence par la violence, s'empare de la Bastille, le 14 juillet 1789. Paris s'organise en commune. Louis XVI capitule, accepte tout ce qui a été fait, et une révolution à forme municipale s'étend à toute la France dans le mouvement spontané qu'on appelle la grande peur. Partout les citoyens s'arment, forment des comités municipaux, des gardes nationales. La Révolution est victorieuse.

La prise de la Bastille, à Paris, avait été sanglante. L'extension de la Révolution à la France ne fut pas sanglante. Peu d'incidents graves de violence marquèrent cette municipalisation générale de la France. Ce mouvement de peur, causé par les menaces de la réaction, et de peur hallucinée, se changea presque aussitôt en un mouvement de fraternité.

La France, qui était alors composée de peuples si divers, s'unifia, dans l'année 1790, par un geste de concorde, d'allégresse et d'amour, en forme fédérative. Ce furent d'abord les fédérations régionales, comme la fédération de Strasbourg, si belle. Puis, toutes ces fédérations se rejoignant, ce fut la fédération nationale, qui, dans la joie, dans les danses, dans les chants, s'acheva à Paris, au Champ-de-Mars, le 14 juillet 1790.

Les Français, en ce jour, se sentirent frères et voulurent ne former qu'une famille, qu'ils virent aussitôt au milieu d'autres familles nationales, avec la perspective d'une famille humaine. Ce fut le patriotisme nouveau.

Alors la France s'organisa, sans violence, dans des formes d'administration qui ont, en leurs traits essentiels, subsisté jusqu'à nos jours. Cette fraternité, créatrice et paisible, parut si belle à l'historien Michelet qu'il dit en un langage mystique : « Dieu fut visible en 1790 », Dieu de concorde et de paix, et non Dieu de violence.

Ce sont les partisans du passé qui firent rentrer en scène la violence, quand ils décidèrent Louis XVI, en 1791, à s'enfuir pour rejoindre l'armée du général contre-révolutionnaire Bouillé, afin de détruire par la force la Révolution, tandis que les émigrés en armes provoquaient une coalition contre la France. La fuite à Varennes dissipa le rêve de fraternité et de concorde. Elle montra dans le roi un ennemi. Elle dressa une partie du peuple contre lui. Elle amena au Champ-de-Mars, le 17 juillet 1791, un massacre de pétitionnaires qui voulaient des garanties contre le roi. Une atmosphère d'inquiétude et de guerre civile s'étendit un instant sur la France.

On aime cependant à tel point la paix qu'un grand effort de conciliation s'opère. La Constitution fonctionne sous le roi restauré. De l'automne de 1791 au printemps de 1792, c'est presque une saison de calme, où on ne vit guère d'acte de violence. Ce qui détruit la paix intérieure, c'est la déclaration de guerre à l'Autriche, en avril 1792. C'est alors que se produit le second grand acte de violence populaire, la première révolution dans la Révolution, à savoir cette journée du 10 août 1792, où Louis XVI fut renversé du trône.

Cette insurrection fut nationale. Y participèrent, non seulement des Parisiens, mais des Français venus des deux extrémités de la France, de Marseille et de Brest. On eut le sentiment, l'instinct que Louis XVI et Marie-Antoinette pactisaient avec l'ennemi du dehors. C'est pour ce motif, et non pour aucun autre, que la nation, par un geste de violence et pour répondre à la violence de l'énnemi, favorisé par la connivence du roi, renversa ce roi qui manquait à son rôle historique de chef de la défense nationale. Quelques semaines plus tard, dans l'impossibilité de trouver un autre roi qui fût capable de sauver la Révolution, la patrie, la Convention supprima la royauté et mit la France en République.

On remarquera que l'insurrection du 10 août ne fut pas une violence en vue d'établir la dictature d'un homme ou d'une minorité, mais une violence pour assurer le triomphe de la volonté générale, source de la loi, volonté qui tendait à maintenir la Révolution et à assurer l'indépendance de la France. Un des effets de l'insurrection fut que, désormais, l'expression de cette volonté générale devint plus générale, puisque le suffrage censitaire fut alors aboli et remplacé par le mode de suffrage que nous appelons universel. C'est par le suffrage universel que la Convention fut élue; elle exprima donc, plus complètement que ne l'avait fait la Législative, la volonté de la nation, et elle aurait ôté ainsi toute chance ou même tout rôle à la violence, si les circonstances avaient été normales.

Mais il s'en fallait de beaucoup qu'il en fût ainsi. On était en guerre contre une partie de l'Europe. A la guerre étrangère s'ajouta la guerre civile, la sédition vendéenne, la sédition bretonne, la sédition lyonnaise, Toulon livré aux Anglais, une nouvelle invasion.

Tant que la guerre contre l'étranger a été heureuse, on n'a pas vu de violence. L'hiver de 1792-1793 est relativement paisible. Il n'y a point d'insurrection, parce qu'on est en état de confiance. Ce sont les paysans de la Vendée, excités par leurs nobles et leurs prêtres, qui font le grand geste de violence. De là sont venues, une à une, et selon les vicissitudes de la guerre étrangère et de la guerre civile, les insurrections et les lois terroristes. Quand la victoire nous revient, dans l'été de 1794, notamment à Fleurus, la violence, devenue inutile, disparaît peu à peu. Les insurrections de germinal et de prairial an III n'étant pas soutenues par la volonté générale, et étant donc illégales, sont aisément vaincues, en même temps que la paix de Bâle assure à la France, pour l'avenir, la possession de la rive gauche du Rhin.

La Terreur résultat de la guerre, c'est une vue qui a été trop souvent développée pour que j'y insiste en ce moment. Ce que je voudrais faire remarquer, c'est que, dans notre Révolution, il y a eu constamment, au milieu même des plus brutales violences, un esprit de légalité.

Cette Révolution, commencée et formulée d'abord par des juristes, s'est continuée, jusqu'en ses soubresauts, avec l'idée qu'on faisait des lois, c'est-à-dire qu'on substituait la volonté générale aux volontés particulières.

Quand la démocratique Constitution de 1793 proclame, pour certains cas, le droit à l'insurrection, c'est afin de venir au secours de la volonté générale, si cette volonté était violée. Lorsque des démagogues, des émeutiers, cherchent à se pousser par la violence, ils feignent d'être les interprètes de la volonté générale opprimée, et leur hypocrisie est un hommage rendu à l'esprit de légalité.

La violence ne semble avoir rien fondé de durable pendant la Révolution. Les grandes lois d'organisation générale furent votées sans aucune pression de la rue. L'établissement de la République, le 22 septembre 1792, ce grand événement politique qui étonna l'Europe, eut lieu dans le calme populaire, presque dans le silence. Il y eut même des actes révolutionnaires, comme la condamnation de Louis XVI, qui furent formulés en loi, sans l'intervention de la multitude.

Les constructions de la violence furent toutes éphémères et disparurent avec la guerre.

Cette guerre fut menée avec vigueur par un peuple habitué à la guerre, mais nullement dans le vieil esprit guerrier. On y vit surtout un moyen d'anéantir la violence entre les nations. A la tribune de la Convention, le 9 novembre 1792, à propos des victoires remportées en Belgique, Vergniaud exprima bien cet esprit nouveau, quand il dit : « Chantez donc, chantez une victoire qui sera celle de l'humanité. Il a péri des hommes, mais c'est pour qu'il n'en périsse plus. Je le jure, au nom de la fraternité universelle que vous allez établir, chacun de vos combats sera un pas de fait vers la paix, l'humanité et le bonheur des peuples. »

Il y a pourtant trois faits qu'on pourrait invoquer, dans la Révolution, pour justifier la théorie de la violence.

C'est d'abord la destruction des droits féodaux. On peut dire que les décrets du 4 août 1789 furent votés à la suite de troubles dans les campagnes. Les paysans les trouvèrent trop incomplets ou trop théoriques. Il y eut çà et là des jacqueries contre la persistance de certains droits féodaux, des troubles graves. Finalement, la Convention, par le décret du 17 juillet 1793, abolit tous les droits féodaux sans rachat ni indemnité, et acheva ainsi, pour les paysans, la' Révolution. Auraient-ils obtenu gain de cause, s'ils n'avaient recouru à la violence? Je ne le crois pas, et il faut donc reconnaître que, dans une révolution, il peut arriver que la violence soit seule efficace, mais pour une destruction, non pour une construction

L'autre fait, c'est la dictature de la commune de Paris, triomphant dans les journées des 31 mai et 2 juin 1793, et qui dura quelque temps ensuite, jusqu'aux victoires militaires. Cette dictature ne se présenta pas comme la tyrannie d'une ville sur les autres villes, mais comme une sorte de dictature nationale : la tête dirigeait le corps, dans cette crise vitale, au plus fort de la guerre civile. Et, à y regarder de près, ce qu'on appelle la dictature de Paris, ce fut une entente provisoire entre la Commune et la Convention, entente (il est vrai) imposée par la Commune, qui disposait de la garde nationale, c'est-à-dire de la force armée. Il s'agissait d'assurer à tout prix l'unité de la défense nationale, et non d'établir, pour des circonstances normales, la suprématie dirigeante de Paris.

Enfin les Comités révolutionnaires offrent peut-être, à qui les regarde superficiellement, l'image d'une dictature du prolétariat. Formés dans chaque commune, sous la Terreur, d'abord pour surveiller les étrangers, puis pour surveiller tout le monde, ils traquèrent les suspects, en remplirent les prisons. Une célèbre estampe thermidorienne, pour donner une idée de l'intérieur de ces Comités, y a représenté des ouvriers débraillés interrogeant brutalement des aristocrates, une femme, un enfant, tremblants et aimables. On dirait un prolétariat tyran. Ce n'est là qu'une caricature : ces Comités étaient formés de bourgeois et d'ouvriers, de plus de bourgeois que d'ouvriers; c'est ce mélange qu'on appelle le sans-culottisme. Il n'y eut aucune dictature de classe, mais seulement des pro-

cédés de violence, conséquence de l'état de guerre étrangère et civile.

D'ailleurs, ces procédés de violence, s'ils sauvèrent peut-être la Révolution, en empêchant pratiquement l'invasion étrangère de rejoindre la sédition ou conspiration royaliste à l'intérieur, firent à la Révolution un tort moral qui ne s'effaça que fort tard, et elles n'apparurent pleinement excusables à l'historien que tout récemment, à la lumière des leçons de choses dans la guerre mondiale, où chaque nation belligérante, pour se défendre ou pour attaquer, a dû apprendre à user de violence, à organiser la violence, et par suite à comprendre, à excuser, ou même à admirer les terroristes de 1793 et de 1794.

Dans la fureur du patriotisme, même des gouvernants en vinrent, sous la Terreur, à prononcer des paroles homicides. En son rapport du 5 nivôse an II, Robespierre dit : « Le gouvernement doit aux bons citoyens toute la protection nationale ; il ne doit aux ennemis du peuple que la mort. » Et Saint-Just, qui faisait partie avec Robespierre du Comité de salut public, dit, le 8 ventôse suivant : « Ce qui constitue une République, c'est la destruction totale de ce qui lui est opposé. » Mais c'est là un fanatisme pour temps de guerre, et non pour temps de paix.

La Convention nationale, tout en votant des mesures terroristes pour obtenir la victoire militaire, ne se décida pas à mettre formellement la Terreur « à l'ordre du jour », comme la Commune le lui demandait. Elle anéantit les violents ou présumés tels, comme Hébert et ses amis. Puis, le 2 germinal an II, elle mit solennellement « la justice et la probité à l'ordre du jour ».

Dès que la victoire militaire fut acquise, dès que la défense nationale fut assurée, la Convention renversa Robespierre, qui symbolisait la Terreur, la violence.

Ce Robespierre d'ailleurs, guillotiné comme violent, n'avait jamais voulu faire de la violence ni un système, ni même un régime. C'était, comme presque tous ces révolutionnaires, un légiste. Dans la journée du 9 thermidor, à l'Hôtel de Ville, au foyer même de l'insurrection qui se préparait contre la Convention nationale, on présenta une plume à Robespierre, pour qu'il signât, à la suite d'officiers municipaux, un appel à l'insurrection. C'était le seul moyen de sauver sa tête ou, ce qui l'intéressait davantage, sa cause. Il écrivit les deux premières lettres de son nom, puis la plume lui tomba des mains. Il aima mieux mourir que de s'insurger contre la volonté générale, dont la Convention, qui l'avait mis hors la loi, était l'expression.

C'est malgré eux, c'est contre leur doctrine que les chefs de la Terreur terrorisèrent. Nul ne fut plus humain, de cœur et de raison, que Danton, qui tonna si violemment contre les aristocrates, et qui, en grondant, sauva tant de têtes. Était inscrit dans leur conscience, comme un regret ou un remords, ce mot d'une de leurs victimes, ce mot de Vergniaud, qui, à la tribune de la Convention, le 10 avril 1792, murmurait tristement : « On a cherché à consommer la Révolution par la terreur, j'aurais voulu la consommer par l'amour. »

On peut donc dire qu'à l'intérieur, la Révolution française, si violente quand on la contraria, ne fut pas un système de violence.

A l'extérieur, la Révolution française ne fut pas davantage un système de violence, encore que ses armées aient battu l'Europe monarchique par les coups les plus violents, encore qu'elle ait annexé plus de territoires que Louis XIV n'en avait conquis.

En réalité, les hommes de 1789 et ceux de 1793 auraient

voulu bannir la violence des rapports des nations entre
elles, comme ils avaient voulu bannir la violence des rapports des individus entre eux. Il était dans leur esprit de
promulguer un jour une déclaration des droits des nations,
qui aurait fait pendant à cette déclaration des droits de
l'homme dont le principe même excluait la violence. La
guerre fit ajourner cette seconde déclaration.

Du moins l'Assemblée constituante, — la première
dans l'histoire, — notifia au monde le principe de non-
violence, par le décret du 22 mai 1790, où elle déclara
solennellement « que la nation française renonce à entre-
prendre aucune guerre dans la vue de faire des conquêtes
et qu'elle n'emploiera jamais ses forces contre la liberté
d'aucun peuple ». Ce décret fit partie intégrante de la Constitution. On y voit, pour la première fois dans une loi,
le principe du libre consentement des peuples, reconnus
maîtres de disposer de leur destinée.

Les annexions opérées par l'Assemblée constituante, par
la Convention nationale et même par le Directoire, loin
de contredire ce principe, ne font généralement que le
consacrer en l'appliquant.

Avignon et le Comtat étaient, sous l'autorité du pape,
terre étrangère en pleine France. Les habitants envoyèrent,
en juin 1790, des délégués à la barre de la Constituante,
pour demander la réunion de leur pays au pays qui venait
de faire une révolution de liberté : « Placés au milieu de
la France, dirent-ils, ayant les mêmes mœurs, le même
langage, nous voulons avoir les mêmes lois. » Il semble
que l'Assemblée aurait pu et dû accepter, aussitôt et
d'enthousiasme, une réunion si heureuse, un accroisse-
ment si légitime de la famille française. Mais elle avait
une telle peur de paraître manquer à son récent décret,
d'avoir l'air de faire une conquête, que c'est seulement

après de longues hésitations, quand elle se fut bien assurée de la volonté des habitants, quand elle se sentit absolument sûre de ne point faire un geste de violence, c'est seulement alors qu'elle se décida à annexer Avignon et le Comtat.

Ce principe de non-violence, ce principe du libre consentement des peuples fut généralement respecté et appliqué de même par la Convention nationale et par le Directoire exécutif pour toutes les annexions ultérieures : Savoie, comté de Nice, principauté de Monaco, rive gauche du Rhin, Belgique. Les populations furent consultées, soit par le moyen d'une Convention librement élue, soit par l'expression directe du vœu des habitants dans le ressort de chaque commune. Imprimés ou manuscrits aux Archives nationales, les textes qui expriment ces consentements sont l'éloquent témoignage de la répugnance du peuple français à toute politique de violence à l'égard des autres peuples, et de sa loyauté à observer le principe pacifiquement libéral que la Constituante avait proclamé le 22 mai 1790.

Je viens de dire, par deux fois, que ce principe du libre consentement des peuples fut *généralement* observé. J'aurais voulu pouvoir dire qu'il fut *exclusivement* observé dans tous les cas. Il y eut, hélas ! quelques exceptions. C'est dans la période de réaction thermidorienne. Les grands chefs révolutionnaires idéalistes avaient été guillotinés. La Convention était comme décapitée. Dans l'ivresse des victoires militaires et diplomatiques, il lui arriva parfois d'être infidèle à la Révolution. Quand, le 9 vendémiaire an IV, elle réunit à la France la Belgique et diverses provinces adjacentes, elle se permit, sous l'empire de la raison d'État invoquée par Merlin (de Douai), de ne pas consulter auparavant les habitants d'une ou deux de ces provinces. Partielle violation du principe, petite exception, qui alors parut insignifiante, mais qui eut des conséquences graves en ce qu'elle donna par avance des prétextes, des encouragements à Napoléon Bonaparte.

En effet, c'est Napoléon Bonaparte qui, par une brutale déviation et pour confisquer la Révolution à son profit personnel, ramena la France à l'antique ornière de violence. S'il ne formula pas la violence en système, ce qui eût par trop choqué ses contemporains, il fit de la violence un régime politique habituel, comme un régime normal. Son coup d'Etat des 18 et 19 brumaire n'eut pour objet, ni de libérer la volonté générale des menaces d'une minorité, ni d'assurer la défense nationale, comme ç'avait été le but des insurrections populaires du 10 août 1792 ou du 2 juin 1793, puisque de récentes victoires avaient sauvé la France, mais seulement de prendre le pouvoir. Il n'y eut plus de lois. C'est à peine si on vit un simulacre de représentation nationale. Devenu empereur, Napoléon Bonaparte ne gouverna que par la force, par ses soldats, par des prisons d'Etat, par les caprices de son génie sans contrôle.

Dans sa politique extérieure, ce fut de même le règne de la violence. Il annexa les peuples sans les consulter, contre leur gré. Il arrondit démesurément le territoire de la France par ce genre de conquêtes à la Louis XIV que la Constituante avait précisément condamné.

Il fut le dictateur que Marat avait prédit, demandé, et dont, par ses mauvais conseils, ce mauvais ami du peuple — ami sincère, mais furieux — avait préparé l'avènement, contre l'esprit même de la Déclaration des droits et de la Révolution. Si Marat avait survécu jusqu'au temps de Napoléon, il eût été naturel que Napoléon l'honorât par gratitude. Marat aurait légitimement siégé, s'il y avait consenti, au Sénat conservateur, et on aurait peut-être vu, dans l'Annuaire de la noblesse impériale, un baron Marat ou un comte Marat : c'eût été logique.

Un jour, du haut de la tribune anglaise, Pitt salua Napoléon du nom de fils et champion de la Révolution française. Non : Napoléon en tant qu'il institua un régime de violence, un régime de tyrannie, fut le contradicteur, le désorganisateur de la Révolution. A l'intérieur, il détruisit toutes les libertés. A l'extérieur il détruisit des indépendances de peuples. Qu'il y ait une poésie dans cette violence, que ce violent ait été un homme de génie, un passant prodigieux, comme a dit Victor Hugo, un tyran superbe, dont la tyrannie a été parfois grandiose, et dans les yeux de qui passait parfois un éclair de cette flamme révolutionnaire où sa jeunesse avait été chauffée, il y aurait pédantisme ou médiocrité d'esprit à le contester. Mais c'est un fait, qu'il gouverna par la violence, et non par la loi, comme c'est un fait que ce régime de violence, si brillant de gloire, mena la France à une culbute catastrophique, où elle perdit ces frontières naturelles que lui avait données l'application même du principe de non-violence, l'application du principe du droit des peuples à disposer d'eux-mêmes.

Messieurs, cette esquisse d'une réfutation de la légende qui montre dans les hommes de la Révolution française des théoriciens de la violence, et qui montre dans cette Révolution un exemple de violence féconde en tant que violence, je l'appuie sur les faits et les documents que j'étudie depuis tant d'années, et rien que sur les faits, sur les documents. Je ne les ai point tous vus, ces documents : la vie d'un homme, si longue qu'elle soit, est trop courte pour une telle enquête. Complétez mes recherches, chers confrères. Je voudrais que, dans vos archives locales, il plût à votre curiosité d'étudier à votre tour, et sur d'autres textes, la question de la violence pendant la Révolution française, dont le développement provincial est aussi instructif que le développement parisien, plus instructif peut-être, puisque c'est dans les départements que les Comités révolutionnaires ont surtout exercé cette formidable surveillance où on a cru voir une dictature du prolétariat. Que vos conclusions, quand vous les produirez, confirment les miennes, ou qu'elles les infirment, je ne m'en applaudirai pas moins d'avoir proposé à vos érudites recherches une de ces vues générales sans lesquelles l'érudition n'a ni toute sa noblesse, ni toute son utilité.

A. AULARD.

Paris — L. Maretheux, imp., 1, rue Cassette. — 13456.